BEI GRIN MACHT SICH IHR WISSEN BEZAHLT

AF144731

- Wir veröffentlichen Ihre Hausarbeit,
  Bachelor- und Masterarbeit

- Ihr eigenes eBook und Buch -
  weltweit in allen wichtigen Shops

- Verdienen Sie an jedem Verkauf

Jetzt bei www.GRIN.com hochladen und kostenlos publizieren

Bibliografische Information der Deutschen Nationalbibliothek:

Die Deutsche Bibliothek verzeichnet diese Publikation in der Deutschen National-
bibliografie; detaillierte bibliografische Daten sind im Internet über http://dnb.d-
nb.de/ abrufbar.

Impressum:

Copyright © 2015 GRIN Verlag, Open Publishing GmbH
Druck und Bindung: Books on Demand GmbH, Norderstedt Germany
ISBN: 9783668297746

Dieses Buch bei GRIN:

http://www.grin.com/de/e-book/340158/sportsucht-im-extremsport-ursachen-und-
wirkungen

Xenia Löffler

Sportsucht im Extremsport. Ursachen und Wirkungen

GRIN Verlag

GRIN - Your knowledge has value

Der GRIN Verlag publiziert seit 1998 wissenschaftliche Arbeiten von Studenten, Hochschullehrern und anderen Akademikern als eBook und gedrucktes Buch. Die Verlagswebsite www.grin.com ist die ideale Plattform zur Veröffentlichung von Hausarbeiten, Abschlussarbeiten, wissenschaftlichen Aufsätzen, Dissertationen und Fachbüchern.

Besuchen Sie uns im Internet:

http://www.grin.com/

http://www.facebook.com/grincom

http://www.twitter.com/grin_com

CHRISTIAN-ERNST-GYMNASIUM

Musisches Gymnasium • Studienseminar

Seminararbeit

von

Xenia Löffler

Leitfach: W-Seminar Sport

Rahmenthema: Extremsport

Thema der Seminararbeit: Sportsucht im Extremsport

Inhaltsverzeichnis

1. Einleitung

Am 14. Oktober 2012 wurde Felix Baumgartner mit 43 Jahren zur Legende. Er war der erste Mensch, der es schaffte, im freien Fall die Schallmauer zu durchbrechen. Felix Baumgartner wurde am 20. April in Österreich geboren und war ursprünglich Maschinenschlosser und Mechaniker. Aber ab 1900 gab er seinen Beruf auf und widmete sich seinen Interessen: Helikopter fliegen, Rennen fahren, Skydiving und B.A.S.E.-Jumping. Im Jahr 1998 trat er der American B.A.S.E. Association bei. Damit man sich hier registrieren lassen kann, muss man nachweislich von vier Objekten springen: von einem Gebäude, von einer Antenne, von einer Brücke und von einer Klippe. Seine Registrierungsnummer war die 502. Diese Nummer ist sein persönliches Markenzeichen, was er auch als Tattoo am Rücken trägt. Felix Baumgartner liebt die Angstlust. Er war der erste Mensch, der den Ärmelkanal ohne motorisierte Hilfe in der Luft überquerte. Er machte den wahrscheinlich schwierigsten B.A.S.E.-Jump aller Zeiten. Er sprang 190m in die Tiefe vom flaschenförmigen Höhlenschacht der Mamethöhle im kroatischen Velebitgebirge. Außerdem bedeutente B.A.S.E.- Jumps waren vom rechten Arm der Christusstatue in Rio de Janeiro und von einer 390m hohen Beobachtungsplattform eines Wolkenkratzers in Taiwan. Außerdem überquerte er die Puente las Americas, die Verbindung zwischen Nord- und Südamerika. Für das Bestehen solcher Risiken bekam Baumgartner einige Auszeichnungen, zum Beispiel den National Geographic Adventure of the Year, den Millenium Bambi for Lifetime Achievement, den Laureus Action Sports Person of the Year und den Steiger Award 2015. Diese Preise sind ein Grund dafür, warum sich Felix Baumgartner Lebensgefahren aussetzt, denn hier erhält er Ansehen für sein Geleistetes. Zum Beispiel auch von Managern von Audi, die seine Vorträge über sein Betreiben im Extremsport anhören und ihm Anerkennung schenken. Unter anderem wollte er auch für Nachhaltigkeit sorgen. Es war schon immer sein Traum, der Menschheit etwas zu hinterlassen. Etwas, woran man sich immer erinnert und was die nachfolgenden Generationen inspirieren kann. Aus diesen Gründen sprang Baumgartner auch aus 39km Höhe. Er stieg 39045m in einem Ballon auf und sprang von der Kapsel mit einem speziellen Druckanzug. Seine Anfangsgeschwindigkeit lag bei 1342,8 km/h. Er war also um ein Viertel, also

265 km/h, schneller als die Schallgeschwindigkeit und durchbrach somit die Schallmauer. Sein freier Fall dauerte insgesamt 4,19 Minuten. Dieser Sprung erforderte harte Arbeit im Voraus, denn er musste ein langes Training absolvieren. Dennoch zog er das Training durch, denn er hatte immer nur den Sprung vor Augen. Trotz der sorgfältigen Vorbereitungen geriet Felix ins Taumeln und überschlug sich. Durch die unkontrollierbaren Drehungen bestand die Gefahr, dass er bewusstlos wird. Er glaubte an sich selbst und konnte durch hohe körperliche Anstrengungen die Kontrolle über sich wieder erlangen. Baumgartner war angespannt und konnte den freien Fall erst genießen, als er den Fallschirm öffnete und wusste, er ist am Leben. Dennoch hatte er nach der Landung nur sein eigentliches Ziel im Kopf, ob er denn Überschall geflogen sei. Es war der höchste Absprung mit Fallschirm, es war der tiefste freie Fall eines Menschen und es wurde die höchste Geschwindigkeit im freien Fall erreicht. Nebenbei stellte er zwei weitere Weltrekorde auf. Es war die höchste bemannte Ballonfahrt und der höchste Absprung eines Menschen aus einem fliegenden Objekt. Mit diesem Sprung ging Felix Baumgartner als Held in die Geschichte ein. Baumgartner nahm sich nach dem Sprung vor, sich aus dem Extremsport zurück zu ziehen. Denn zum einen wusste er, dass dies das Beste war, was er je erlebt hatte und nie wieder erleben wird und zum anderen aus Liebe zu seiner Freundin. Allerdings sagt Baumgartner, dass er im Leben Spannung braucht, um zufrieden zu sein. Hierfür muss er ständig Neues ausprobieren. Er erzählte der Nachwelt von seinen bestandenen Risikosituationen und versuchte im Erzählen Adrenalin und Spannung zu finden. Aber Baumgartner suchte nach einer Zeit doch wieder das direkte Abenteuer. Beispielsweise fuhr er beim Nürburgring mit. Aufgrund seiner unermüdlichen Abenteuerlust und den damit verbundenen gefährlichen Heldentaten, trennte sich seine Ex-Freundin Nicole Öttl von ihm nach vier Jahren Beziehung.

Das Leben von Felix Baumgartner ist ein Paradebeispiel dafür, wie radikal Extremsportler ihr Leben umkrempeln und für ihren Sport auch berufliche, soziale und sogar familiäre Konsequenzen in Kauf nehmen. Extremsportler werden gerne auch als Adrenalinjunkies bezeichnet. Die Ursachen und auch die Folgen für die extreme Ausübung eines Sports sind jedoch individuell verschieden. Diese

Seminararbeit versucht zu beleuchten, warum Menschen zu Extremsportarten neigen und warum es auch sportsüchtige Menschen gibt. Die Arbeit zeigt aber auf, dass die Assoziation der Sucht, die durch den Begriff Adrenalinjunkie geweckt wird, nicht zutrifft. Extremsport und Sportsucht sind zwei verschiedene Phänomene, die zum Teil gleiche Ursachen und Wirkungen haben, die man jedoch genau auseinanderhalten muss.

2. Allgemeine Informationen zu Extremsport

2.1. Definition von Extremsport

Extremsport hat ein breites Feld an verschiedenen Sportarten, die man extrem ausüben kann. Um Extremsport am besten definieren zu können, muss es in drei Grundkategorien eingeteilt werden. Nach Clausen (2003) gibt es den X-tremsport, den Abenteuerhaften Extremsport und die Extremvarianten von konventionellen Sportarten.

In der ersten Grundkategorie, dem X-tremsport, ist das zentrale Motiv das des Taumels. Es werden also Schwindelzustände aufgesucht. Ein Beispiel dafür ist Bungee-Jumping. Hier möchte man den physischen Grenzen des Körpers entgehen. Man möchte rauschhafte Gemütszustände und intensive Sinneserfahrungen erleben. Diese Variante von Extremsport hat folglich einen Inszenierungscharakter. Um die Sportart ausüben zu können, ist ein hoher materieller und technischer Aufwand nötig. Der Sport kann prinzipiell von jedem Mensch ausgeführt werden, auch ohne besondere Fähigkeiten und Kenntnisse.

Bei der zweiten Grundkategorie, dem Abenteuerhaften Extremsport, werden konventionelle Sportarten zu einer High-Risk Variante umgewandelt. Das zentrale Motiv ist es, eine existenzielle Erfahrung zu machen. Um dies zu erreichen, sind die Aktionen meist lebensgefährlich. Der Reiz bei dieser Art sportlicher Betätigung liegt bei dem ungewissen Handlungsausgang durch unvorhersehbare Situationsbedingungen. Ein Beispiel ist das B.A.S.E.-Jumping. Der Sportler muss ein hohes Niveau an Kenntnissen und Fähigkeiten besitzen und benötigt viel Vorbereitung im Vorfeld. Die Intention dieser Ausübung von Sport ist die Ich-bzw. Selbsterkundung.

Bei der dritten Grundkategorie werden konventionelle Sportarten extrem ausgeübt. Wichtige Faktoren hierbei sind Zeit, Distanz und äußere Bedingungen. Die konventionellen Sportarten mutieren zu Extremen, wenn der Sportler durch extreme Dauer, extreme Distanzüberwindung und extreme äußere Umstände beansprucht wird. Für den Sportler ist das zentrale Motiv, einen Flow zu erleben. Diese Art von Extremsport wird auch Endlos-Extremsport genannt. Beispiele hierfür sind Marathon oder Triathlon.

2.2. Merkmale des Extremsports

Extremsport wird meist alleine und in der Natur praktiziert (vgl. Wiesner, 2005, S.5). Es ist ein unverbindlicher Sport (vgl. Wiesner, 2005, S.6), der „zu flexiblen, individuell passenden Zeiten ausgeübt werden [kann]" (von Wiesner, 2005, S.5). Die Sportarten haben alle ein ganzheitliches Organisationsmuster. Es wird bestimmte Kleidung und Ausrüstung getragen, es gibt bestimmte sprachliche Ausdrücke und bestimmte Szenentreffpunkte (vgl. Geisler, 2004, S.76-83). Alle Extremsportarten zeichnen sich durch außerordentliche körperliche Strapazen aus. Hierzu gehören auch ungewohnte Körperlagen und ungewohnte Zustände des Körpers (vgl. Allmer/ Schulz, 1998, S.62ff). Das Ziel im Extremsport ist es, eine Verschmelzung von Rausch und Körperkontrolle zu erlangen (vgl. Bette, 2004, S.55). Außerdem werden existenzielle Grenzsituationen aufgesucht, um ein subjektives Erleben der körperlichen Grenzen zu spüren. Apter hat das 3-Zonen-Modell aufgestellt (vgl. Apter, 1994, S.42), welches aufzeigt, in welchen Zonen sich die Sportler bewegen, um ihre persönliche Grenzen auszutesten und zu erfahren. In der ersten Zone, der Sicherheitszone, erfährt der Sportler keine Erregung, da es keine Gefahr gibt. In der zweiten Zone, der Gefahrzone, setzt sich der Sportler Gefahren aus. In der dritten Zone, der Traumazone, nimmt der Sportler Schaden. Zwischen der zweiten und der dritten Zone gibt es eine Schwelle. Diese Schwelle nennt man den „gefährlichen Grat", an den Sportler so nah wie möglich herankommen möchten, weil sie da eine positive Erregung verspüren und der Nervenkitzel dort am größten ist. Überschreitet der Sportler diese Schwelle, rutscht er in die 3. Zone ab und erleidet Verletzungen.

2.3. Ursachen des Extremsports

Warum Sportler sich zu Extremsportarten hingezogen fühlen, kann nicht verallgemeinert werden, sondern für jede Person sind die Ursachen individuell unterschiedlich. Ein möglicher Auslöser ist der gesellschaftliche Wandel. Denn das Leben in der heutigen Zeit ist beruhigt, gefahrenlos, durchorganisiert, abgesichert. Somit ist es aber auch reizlos und spannungslos (vgl. Hartmann/ Haubl, 1998, S.38). Die Menschen streben also nach Spaß, Ungewissem,

Unsicherheiten, Angst und Selbstverwirklichung (vgl. Böhnke, 2000, S.8, S.19).
Sie möchten sich selbst finden, selbst darstellen und sich selbst verwirklichen. Sie
möchten also ihr Leben durch Extremsport lustvoller und lebendiger machen, um
der langweiligen Alltagswelt zu entfliehen (vgl. Häßner, 2006, S.39). Ein weiterer
Faktor in dieser Zeit ist, dass das Berufsleben modernisiert ist. Durch die
Technisierung werden in vielen Berufen keine körperlichen Anstrengungen mehr
benötigt und die Arbeit findet an Computern (vgl. Aufmuth, 1984, S.19ff) in
Büros statt, wodurch man gleichzeitig auch wenig Bezug zur Natur mehr hat.
Hierdurch findet eine „Marginalisierung des Körpers" statt und es entstehen
„Defizite des Selbsterlebens" (von Aufmuth, 1984, S.19ff). Die Menschen suchen
deshalb Naturräume auf und möchten sich dort körperlichen Strapazen aussetzen.
Der Extremsport verspricht positive außeralltägliche Erlebnishorizonte (vgl.
Bette, 2004, S.76) durch „intensive körperliche Erlebnisse" (von Häßner, 2006,
S.41) in der Natur (vgl. Krebs). Man stellt also sein Lebendigkeitsgefühl durch
außergewöhnliche   Emotionszustände   wieder   her   (vgl.   Krebs
http://www.meikekrebs.de/downloads/wissenschaft/meike_krebs_extremsport.pdf
).

Ein anderer möglicher Auslöser ist das menschliche „Grundbedürfnis nach
Spannung und Entspannung" (von Böhnke, 2000, S.10). Das Ziel der
Spannungssuche ist ein Entscheidungskonflikt, der spontanes Handeln erfordert.
Der Entscheidungskonflikt besteht darin, dass man Angst vor dem Ausgang der
Situation hat und somit hin- und hergerissen ist, riskieren oder nicht riskieren (vgl.
Böhnke, 2000 S.12). Man möchte seine Angst überwinden und riskiert den
Ausgang der Situation mit der Hoffnung auf ein gutes Ende (vgl. Krebs
http://www.meikekrebs.de/downloads/wissenschaft/meike_krebs_extremsport.pdf
). Wenn der Sportler die Situation besteht, erfährt er eine „positiv[e]
Spannung[sentladung] [..], die angenehm ist [..] [und] zu[r] Befriedigung führt"
(von Böhnke, 2000, S. 12). Diese positive Spannung bietet „einen Lustgewinn
und ein Lustgefühl" (von Böhnke, 2000, S.12). Die Spannungslust ist vergleichbar
mit der Suche nach dem Nervenkitzel, dem Thrill oder dem Ultimativen-Kick.
Hierfür sucht man das Unsichere und das Neue Unbekannte auf (vgl. Böhnke
S.8). Das Aufgeben und Wiedererlangen der Sicherheit (vgl. Krebs

http://www.meikekrebs.de/downloads/wissenschaft/meike_krebs_extremsport.pdf) lässt den Sportler ein Erfolgserlebnis erleben. Es lässt den Sportler völlig in dieser Situation aufgehen (vgl. Bette, 2004, S.33f). Hiermit beweist er sich seine Handlungsfähigkeit auch in Risikosituationen und fühlt sich seinem eigenen Handeln mächtig und kontrollfähig (vgl. Krebs http://www.meikekrebs.de/downloads/wissenschaft/meike_krebs_extremsport.pdf). Er erforscht seine eigenen körperlichen Kapazitäten und vertraut auf sein Leistungsvermögen und die eigene Belastbarkeit (vgl. Häßner, 2006, S.73). Es entsteht ein immenses Glücksgefühl beim Bestehen der Situation (vgl. Krebs http://www.meikekrebs.de/downloads/wissenschaft/meike_krebs_extremsport.pdf).

Dieses Bestehen von risikoreichen Situationen gibt dem Leben des Sportlers einen Sinn und Wert (vgl. Häßner, 2006, S.52). Er setzt sich diesen Risiken aus, um seine „Daseinsberechtigung und Sinnhaftigkeit für sein Leben zu gewinnen" (vgl. Häßner, 2006, S.51). Hierbei entsteht unter anderem ein Gefühl der Auserwähltheit (vgl. Le Breton, 1995, S.139) und die eigene Identität bestätigt wird (vgl. Häßner, 2006, S. 47). Der Sportler glaubt an eine „Instanz[, welche] ihn ermächtigt [...] riskante Situation[en] zu meistern" (von Häßner, 2006, S.51), die menschliche Unvollkommenheit zu überwinden und den Kampf gegen Naturgewalten zu gewinnen (vgl. Wiesner, 2005, S.16). Die Bedeutung des Wertes seiner Existenz wird durch den Sieg über den Tod symbolisiert (vgl. Le Breton, 1995, S.16f) und gibt den Anreiz, eigene Grenzen immer wieder auszutesten (vgl. Le Breton, 1995, S.139).

Die letzte mögliche Ursache ist, dass man „soziale Anerkennung und Ansehen" (von Häßner, 2006, S.47) erfahren möchte. Man möchte soziale Defizite lindern und stellt traditionelle Eigenschaften wie „Mut, Härte, Angstlosigkeit und Stärke unter Beweis" (von Häßner, 2006, S.46). Dies führt zur Selbstbestätigung und erhöht das Selbstwertgefühl und Selbstbewusstsein. Man möchte sich „von der Masse ab[..]heben" (von Häßner, 2006, S.47) und sich und anderen seine Unabhängigkeit beweisen (vgl. Krebs).

2.4. Risiken des Extremsports

Im Extremsport geht es darum, Außergewöhnliches zu erfahren. Da aber Außergewöhnliches schnell zum Normalen wird, versschiebt der Extremsportler die Grenzen des Machbaren immer weiter nach hinten. Folglich werden immer riskantere Praktiken ausgeübt (vgl. Häßner, 2006, S.86). Der Extremsportler möchte immer näher an den „gefährlichen Grat" herankommen. Wenn er hier seine Fähigkeiten und das eigene Können überschätzt, kommt er in die Traumazone und nimmt Schaden (vgl. Apter, 1994, S.42). Um einen Nervenkitzel zu erfahren, begibt sich der Sportler also in Lebensgefahr. Da man bei der Ausübung von Extremsport Glücksgefühle erfährt, möchte der Sportler diese Situationen immer wieder und auch immer öfter aufsuchen (vgl. Schleske, 1977, S.93). Dieses Verhalten kann zur Sucht führen, wenn das Verhalten stetig gesteigert wird und das Leben dominiert (vgl. Gross/ Poppelreuther, 2000, S.187).

3. Allgemeine Informationen zu Sportsucht

3.1. Definition von Sportsucht

Jedes menschliche Verhalten kann einen Rauschzustand oder ein extrem gutes Gefühl auslösen, weswegen es auch im Sport zu einer Sucht führen kann. Es liegt dann ein unabweisbares Verlangen nach einem Gefühl-, Erlebnis- oder Bewusstseinszustand vor (vgl. Müller/ Tretter, 2001, S.22f). Folglich hat man einen schwer kontrollierbaren Drang nach dem Tun, man wiederholt ständig das Tun, man steigert das Tun und man ist dauernd mit dem Tun gedanklich beschäftigt (vgl. Grüsser/ Thalemann, 2006, S.20). Mit dem Tun ist hier das Ausüben eines Sports gemeint. Sportsucht ist eine stoffungebundene Verhaltenssucht (vgl. Grüsser/ Thalemann, 2006, S.19). Der Sport wird zunehmend exzessiv gesteigert (vgl. Castillon, 2007, S.17) und führt zu gesundheitsschädigendem Sporttreiben, da die Sucht die Handlung bestimmt und nicht der eigene Wille. Die Entwicklungsdauer zur Sucht kann von vier Monaten bis zu zwei Jahren schwanken (vgl. Drescher/ Erath/ Schipfer/ Stoll/ Zeulner/ Ziemainz, 2013 Drescher, A/ Erath, R/ Schipfer, M/ Stoll, O/ Zeulner, B/ Ziemainz, H (2013): Die Gefährdung zur Sportsucht in Ausdauersportarten http://www.zeitschrift-sportmedizin.de/fileadmin/content/archiv2013/Heft_2/27_originalia_ziemainz.pdf). Denn bevor eine Ausdauersucht erfolgen kann, muss eine Sportbindung stattfinden. In dieser verpflichtet sich der Sportler zum regelmäßigen Sporttreiben (vgl. Castillon, 2007, S.14). Entsteht aber eine „persönliche[..] Abhängigkeit und Zwanghaftigkeit des Handelns [..] [von] Sportler[n]" (von Schmidt/ Stoll/ Ziemainz, 2000, S. 129), spricht man von einer Sportsucht.

Es werden zwei mögliche Arten von Sportsucht definiert, die primäre und die sekundäre. Bei der primären Sportsucht verspürt der Sportler einen unkontrollierbaren bestimmenden Drang Sport zu treiben, um soziale Unzufriedenheit auszugleichen. Hier dient Sport als Ablenkung. Bei der sekundären Sportsucht fehlt dieses eigenständige Störungsbild, da die Sucht als Folge einer Essstörung auftritt. Sport wird hier ausgeführt, um körperliche Unzufriedenheit auszugleichen. Es entsteht ein Sportzwang durch ein unwohles Körpergefühl. Sport wird mit dem Ziel betrieben, so viele Kalorien wie möglich zu verbrennen (vgl. Drescher/ Erath/ Schipfer/ Stoll/ Zeulner/ Ziemainz, 2013 http://www.zeitschrift-sportmedizin.de/fileadmin/content/archiv2013/Heft_2/27_originalia_ziemainz.pdf und Stoll, 2014 http://www.die-sportpsychologen.de/2014/05/28/prof-dr-oliver-stoll-was-ist-eigentlich-sportsucht/).

3.2. Symptome von Sportsucht

Das wichtigste Symptom der Sportsucht ist, dass der Sportler seine Gefühle durch den Sport reguliert, denn sein Selbstwertgefühl wird durch den Sport definiert (vgl. Castillon, 2007, S.10 und S.16). Sport dient dem Ausgleich von Defiziten, was heißt, dass der Sport zweckentfremdet wird (vgl. Boeck, 2011, S.25) und Sportler einen ständigen Zwang verspüren, Sport zu treiben. Sowohl bei primärer wie auch bei sekundärer Sportsucht bekommt das Ziel einen Fixierungscharakter (vgl. Schmidt/ Stoll/ Ziemainz, 2000, S.140 und Drescher/ Erath/ Schipfer/ Stoll/ Zeulner/ Ziemainz, 2013 http://www.zeitschrift-sportmedizin.de/fileadmin/content/archiv2013/Heft_2/27_originalia_ziemainz.pdf). Entweder möchte der Betroffene seine soziale oder seine körperliche Unzufriedenheit ausgleichen. Dadurch hat das Sporttreiben eine Toleranzentwicklung (vgl. Drescher/ Erath/ Schipfer/ Stoll/ Zeulner/ Ziemainz, 2013 http://www.zeitschrift-sportmedizin.de/fileadmin/content/archiv2013/Heft_2/27_originalia_ziemainz.pdf) und das Trainingspensum muss stetig gesteigert werden (vgl. Alfermann/ Stoll, 2010, S.349), um das gute Gefühl zu erreichen. Es wird ein übermäßiges Verhalten in Bezug auf Menge, Dauer und Häufigkeit entwickelt und es ist keine Distanzierung zum Verhalten mehr möglich.

Süchtige „Sportler verspür[en] Freude bei [..] sportlichen Anstrengung[en] und Überwindung[en]" (von Castillon, 2007, S.15), denn sie erinnern sich nur an Erfolgserlebnisse, die sie wiederholen wollen. Deswegen verdrängen sie schlechte Augenblicke oder nehmen diese gar nicht erst wahr. Süchtige verspüren also keinen Leidensdruck (vgl. Castillon, 2007, S.17), weswegen sie auch physische Warnsignale des Körpers missachten (vgl. Schmidt/ Stoll/ Ziemainz, 2000, S.133

und Drescher/ Erath/ Schipfer/ Stoll/ Zeulner/ Ziemainz, 2013 http://www.zeitschrift-sportmedizin.de/fileadmin/content/archiv2013/Heft_2/27_originalia_ziemainz.pdf) und der Sport somit zum gesundheitsschädigenden Sport wird (vgl. Schmidt/ Stoll/ Ziemainz, 2000, S.123). Süchtige Sportler trainieren auch trotz Krankheit oder Sportverbot eines Arztes (vgl. Stoll, 2014 http://www.die-sportpsychologen.de/2014/05/28/prof-dr-oliver-stoll-was-ist-eigentlich-sportsucht/).

Damit man von Sportsucht sprechen kann, müssen Entzugserscheinungen auftreten, wenn der Sport nicht ausgeübt werden kann. Als Zeichen dafür gelten Schuldgefühle, Depressionen, Frustration, Gereiztheit, innere Unruhe, ein schlechtes Selbstwertgefühl, Verwirrtheit, Anspannung, Ängstlichkeit, Stimmungsstörungen, Erschöpfung, Kopfschmerzen und Schlafstörungen (vgl. Grüsser/ Thalemann, 2006, S.104f und Schmidt/ Stoll/ Ziemainz, 2000, S.133). Wenn kein Sport betrieben werden kann, hat das also ein „negatives Auswirken auf das allgemeine Wohlbefinden" (von Boeck, 2011, S. 13) des Sportlers.

3.3. Auslöser von Sportsucht

Als allgemeiner Auslöser von Sportsucht wird angesehen, dass man durch das Sporttreiben eine positive Stimmung erlebt und negative Gefühle reduziert werden können (vgl. Castillon, 2007, S.12). „Der Süchtige missbraucht Sport, um emotionale Disharmonien [und Defizite] auszugleichen" (von Boeck, 2011, S.11). In der primären Sportsucht wird soziale Unzufriedenheit ausgeglichen. Hier dient Sport als Ablenkung oder zur Stressbewältigung (vgl. S Schmidt/ Stoll/ Ziemainz, 2000, S.130). In der sekundären Sportsucht wird die körperliche Unzufriedenheit ausgeglichen. Bei Frauen tritt dies vor allem im jungen Alter auf, da es hier „einen sozialen Druck zu einem guten Aussehen gibt" (von Schmidt/ Stoll/ Ziemainz, 2000, S.140). Frauen möchten dem Schönheitsideal nachkommen und der Sport wird als Hilfsmittel zur Gewichtsreduktion benutzt, um die Idealfigur zu erhalten. Männer sind davon eher im mittleren Alter betroffen, da in diesem Alter die körperliche Leistungsfähigkeit abnimmt (vgl. Schmidt/ Stoll/ Ziemainz, 2000,

S.140); man spricht von der sogenannten Midlife Crisis. Bei beiden Formen der Sportsucht wird also die Identität eines Selbst gestärkt (vgl. Alfermann/ Stoll, 2010, S.349).

Ein weiterer Auslöser für Sportsucht ist, dass beim Sporttreiben verschiedene Gefühle entstehen (vgl. Gross, 2002, S.257), die man immer und immer wieder erreichen möchte, wodurch der Wiederholungszwang entsteht (vgl. Gross, 2002, S.21f). Eines dieser Gefühle ist das Selbstwertgefühl, das durch sportliche Erfolge entsteht, da hier das Selbstbewusstsein durch soziale Anerkennung gestärkt wird. (vgl. Boeck, 2011, S.22). Der Sportler erfährt bei der Zielerreichung „eine Selbstvertrauens- und Motivationssteigerung" (von Boeck, 2011, S.19). Dieser Erfolg steigert seine mentale Stärke und der Sportler ist stolz auf sich selbst. Ein anderes Gefühl ist das der Selbstkontrolle. Der Sportler kann seine Aktivität willkürlich steuern, in dem Ausmaß wie er es erleben möchte. Zudem erfährt er hier das optimale Funktionieren seines Körpers (vgl. Schmidt/ Stoll/ Ziemainz, 2000, S.131). Der Sport dient also dazu, um intensive Emotionserlebnisse zu erfahren. Wissenschaftler untersuchen hier, ob ein Grund für diese Gefühlszustände das High-Erleben und das des Flows sein kann. Das High-Erleben ist ein rauschartiges Gefühl der Schwerelosigkeit und der ungebrochene Glaube an die eigene Kraft (vgl. Gross/ Poppelreuther, 2000, S.188ff). „Mit Flow wird das lustbetonte Gefühl des völligen Aufgehens in einer Tätigkeit bezeichnet" (von Castillon, 2007, S.15), wo weder Langeweile noch Angst verspürt wird.

3.4. Mögliche Folgen von Sportsucht

Die Folge von Sportsucht ist, dass die Sucht den Sportler kontrolliert und somit das Training das Leben des Sportlers bestimmt (vgl. Boeck, 2011, S.26). Hierdurch hat der Sportler einen Kontrollverlust über sich selbst, hat eine Abstinenzunfähigkeit, verspürt einen Wiederholungszwang, benötigt eine dauernde Dosissteigerung, hat eine Interessenzentrierung auf den Sport und erleidet einen gesellschaftlichen Abstieg (vgl. Gross, 2002, S.21f). Durch seinen Kontrollverlust unterzieht er sich sportlicher und somit körperlicher Quälerei (vgl. Schmidt/ Stoll/ Ziemainz, 2000, S.123). Er blendet Schmerzen aus und es kommt zu körperlichen Schäden und einem körperlichen Verfall (vgl. Schmidt/ Stoll/ Ziemainz, 2000, S.133). Durch seine Abstinenzunfähigkeit betreibt er den Sport auch zu ungewöhnlichen Uhrzeiten. Dies führt zu körperlichem und psychischem Dauerstress. Zudem trainiert er auch bei Verletzungen oder Krankheit, was den Körper überlastet und zum plötzlichen Herztod führen kann (vgl. Stoll, 2014 http://www.die-sportpsychologen.de/2014/05/28/prof-dr-oliver-stoll-was-ist-eigentlich-sportsucht/). Durch seinen Wiederholungsdrang und seine Dosissteigerung trainiert er zu viel und überanstrengt seinen Körper. Hierdurch wird das Immunsystem geschwächt und es kommt zum Verschleiß an Bändern, Sehnen, Knochen und Gelenken (vgl. Drescher/ Erath/ Schipfer/ Stoll/ Ziemainz, 2013 http://www.zeitschrift-sportmedizin.de/fileadmin/content/archiv2013/Heft_2/27_originalia_ziemainz.pdf). Der Sportler zerstört sich also selbst. Durch seine Interessenzentrierung steht der Sport an oberster Stelle. Es folgt eine soziale Isolation und der Sportler vernachlässigt soziale Kontakte und sein Berufsleben, was zu einem gesellschaftlichen Abstieg führt. Die süchtigen Sportler zeigen meistens keine Behandlungsbereitschaft, da sie sich nicht als süchtig ansehen (vgl. Castillon, 2007, S.17). Unter anderem streiten sie ihre Sucht ab, da sie sich für ihre Krankheit schämen und die Gesellschaft eine Sucht negativ ansieht (vgl. Stoll, 2014 http://www.die-sportpsychologen.de/2014/05/28/prof-dr-oliver-stoll-was-ist-eigentlich-sportsucht/).

3.5. Therapien gegen Sportsucht

Eine Therapie kann nur begonnen werden, wenn Sportler Behandlungsbereitschaft zeigen und „sich ihre[s] Leidensdruck[s] gewahr sind" (vgl. Castillon, 2007, S.18). Der Sportler muss sich seiner Sucht bewusst sein und seine Defizite erkennen, damit er freiwillig bereit ist, die Therapie zu beginnen und erfolgreich abzuschließen (vgl. Alfermann/ Pfeffer/ Stoll, 2010, S.76ff). Ziel einer Behandlung ist es, dass der Sportler seine Selbstverantwortlichkeit wieder erlangt (vgl. Alfermann/ Pfeffer/ Stoll, 2010, S.76ff) und ihm die Dysfunktionalität des exzessiven Sporttreibens bewusst wird (vgl. Castillon, 2007, S.18).

Man darf den Sport aber nicht abrupt beenden, um diese Ziele zu erreichen. Denn es gibt hierbei körperliche Risiken, da sich das Sportherz durch das exzessive Sporttreiben vergrößert hat. Bei sofortigem Trainingsabbruch würde sich dieses „zu schnell verkleinern [...] [und es würde] zu Herzrhythmusstörungen bis hin zum kardialen Sekundentod kommen" (von Castillon, 2007, S.18). Eine weitere Folge des abrupten Abbruchs wäre eine starke Gewichtszunahme, die somit die Gefahr von Übergewicht mit sich bringen würde (vgl. Castillon, 2007, S.18). Die sportliche Tätigkeit muss also in kleinen Schritten reduziert werden (vgl. Boeck, 2011, S.27 und Castillon, 2007, S.18).

Neben dem Sportpensum müssen aber auch die Auslöser einer Sportsucht bewältigt werden. Zum einen müssen durch Gruppentrainings soziale Kompetenzen aufgebaut werden und soziale Kontakte gebildet werden (vgl. Grüsser/ Thalemann, 2006, S.260f). Auch das Selbstwertgefühl und die Selbstwahrnehmung müssen stabilisiert werden. Hierzu empfiehlt es sich, „tägliche Protokolle über die sportlichen Leistungen, aber auch über die damit ein[her]gehenden Gefühle und Gedanken [anzufertigen]" (von Castillon, 2007, S.18). Dies dient der Bewusstbarmachung der selbstwertbedrohlichen Situation. Ergänzend dienen „Faulsein-Übungen dazu, dass der Sportler lernt, seine Freizeit nicht als verschwendete wertvolle Zeit anzusehen, sondern seinem bereits Vollbrachten und Geleistetem Anerkennung zu schenken (vgl. Boeck, 2011, S.28 und Castillon, 2007, S.18f). Er muss hinauszögern und abbrechen lernen (vgl. Schmidt/ Stoll/ Ziemainz, 2000, S.145), damit er im Falle einer Erkrankung oder Verletzung den Sport unterlässt, um seine Gesundheit nicht zu gefährden. Für den Aufbau der mentalen Kontrolle gibt es die Methode des Stressimpulstrainings. Es verbessert die innere Dialogfähigkeit und hilft dem Sportler, dass er besser mit Stresssituationen umgehen kann (vgl. Boeck, 2011, S.28). Als letztes gibt es noch das Selbstmanagement-Training, das den Sportler unterstützt, Probleme eigenständig zu lösen und sich selbst optimal zu steuern (vgl. Alfermann/ Pfeffer/ Stoll, 2010, S.76ff).

4. Sportsucht im Extremsport:

4.1. Merkmale von Sportsucht im Extremsport

Da jedes menschliche Verhalten zu einer Sucht führen kann (vgl. Kapitel 3.1.), kann man auch im Extremsport sportsüchtig werden. Denn Extremsport wird ausgeführt, um einen Rauschzustand oder ein extrem gutes Gefühl zu erleben (vgl. Kapitel 2.2. und 3.1.), was die Grundlage einer jeden Sucht ist. Es liegt dann ein unabweisbares Verlangen nach einem Gefühl-, Erlebnis- oder Bewusstseinszustand vor. Folglich hat man einen schwer kontrollierbaren Drang nach Extremsport, man wiederholt ständig die Ausübung von Extremsport, man steigert das Tun im Extremsport und man ist dauernd gedanklich mit Extremsport beschäftigt (vgl. Kapitel 3.1.).

In den drei Unterkategorien von Extremsport ist das Risiko sportsüchtig zu werden unterschiedlich hoch.

Im X-tremsport liegen keine wissenschaftlichen Ergebnisse vor, ob es hier Sportsüchtige gibt. Dennoch kann beschrieben werden, dass es in diesem Sport sehr unwahrscheinlich, ist sportsüchtig zu werden. Denn um hier von einer Sportsucht sprechen zu können, müsste das zentrale Motiv, das des Taumels, immer wieder aufgesucht werden und die Dosis müsste gesteigert werden. Um diese Schwindelzustände zu erreichen, ist ein großer technischer Aufwand nötig, wodurch auch viele Kosten entstehen. Diese können sich die wenigsten Menschen leisten. Somit können sie diesen Sport nicht andauernd ausführen und zum dominanten ihres eigenen Lebens machen. Zum anderen können Schwindelzustände nicht gesteigert werden, wodurch es dem Sportler nicht möglich ist, eine Dosissteigerung zu erfahren. Das wichtigste Merkmal einer Sportsucht - dauerndes, wiederholtes und gesteigertes Sporttreiben - kann in dieser Sportart nicht erfüllt werden.

Im Abenteuerhaften Extremsport ist eine Sportsucht generell möglich, wenn das Aufsuchen von Grenz- und Risikosituationen zum dominanten Bedürfnis des Lebens wird (vgl. Kapitel 2.4.). Der Sportler will hier das zentrale Motiv - eine existenzielle Erfahrung zu erreichen - immer wieder erleben. Dafür muss die Dosis, also das Extreme, aber immer weiter gesteigert werden. Das heißt um diese

Erfahrung oft erleben zu können, liegen zwei Symptome der Sportsucht automatisch vor. Das dauernde, wiederholte Tun und das gesteigerte Tun (vgl. Kapitel 3.1.). Allein diese Aspekte reichen, dass sich der Sport zur einer Sucht entwickeln kann. Ob es im High-Risk Sport suchtbetroffene Sportler gibt, wurde bisher noch nicht wissenschaftlich untersucht.

Die Extremvarianten von konventionellen Sportarten werden häufig von Wissenschaftlern auf Sportsuchtgefahr untersucht. Denn in dieser Art von Sport ist es bekannt, dass es sportsüchtige Sportler gibt. Die Faktoren der Zeit, der Distanz und der äußeren Bedingungen werden immer extremer und der Sport wird immer öfter ausgeübt, um einen Flow zu erleben (vgl. Kapitel 2.2.). Dies ist das zentrale Motiv der Sportler und führt zu einem Endlos-Extremsport. Dieser bietet optimale Bedingungen, um von einer Sportbindung in eine Sportsucht zu gelangen. Wissenschaftler untersuchen hier die Lauf- und Ausdauersucht. Denn sowohl Laufen als auch Ausdauersport kann von jedem Menschen durchgeführt werden. Er kann zu jeder Zeit und solange ausgeführt werden, wie man möchte. Man kann ihn überall ausführen und man benötigt keine weiteren Hilfsmittel. Alles was man braucht, ist nur der eigene Körper. Sportsüchtige regulieren durch den Sport ihre Gefühle und bekommen beim Laufen ein gutes Gefühl (vgl. Kapitel 3.2.). Dieses wollen sie in einem Rauschzustand erleben, um es solange wie möglich zu erfahren (vgl. Kapitel 3.1.). Dies ist der Grund, dass man das Sporttreiben immer extremer betreibt. Das heißt der Sportler läuft länger, schneller, öfter und weiter, damit er diesen Rauschzustand, den sogenannten Flow, erleben kann (vgl. Kapitel 3.1.). Wenn das Laufen zunehmend exzessiv gesteigert wird und das Leben des Sportlers dominiert, spricht man von einer Lauf- und Ausdauersucht.

4.2. Gemeinsamkeiten von Sportsucht und Extremsport

Sportsucht und Extremsport weisen viele Gemeinsamkeiten auf. Sowohl bei Merkmalen, als auch bei den Ursachen und den Folgen.

Vor allem die körperlichen Strapazen kennzeichnen beide. In beiden Fällen möchte man einen Rausch erleben und sucht nach intensiven

Emotionserlebnissen. Dies führt sowohl beim Extremsportler wie auch beim Sportsüchtigen zu Glückserlebnissen, die sie wiederholen wollen, um ihre Gefühle zu regulieren. Das einzige, was zählt, ist das Erfolgserlebnis und somit vergessen die betroffenen Sportler die Schwierigkeiten, die sie hatten dort hinzugelangen. Bei Extremsportlern sind es die Angst und das Risiko und bei Sportsüchtigen die sportliche und körperlichen Quälereien (vgl. Kapitel 2.2. und 3.2.).

Bei beiden dient der Sport, um emotionale und soziale Disharmonien auszugleichen. Solche negativen Gefühle können durch den Sport reduziert werden. Denn beim Bestehen der Situation im Extremsport oder bei der Zielerreichung eines Süchtigen entstehen starke Glücksgefühle. Ein anderes Gefühl, das man erreichen möchte, ist das der Selbstkontrolle. Im Extremsport bestätigt man seine Handlungs- und Kontrollfähigkeit durch das Wiedererlangen der Sicherheit und bei Sportsüchtigen durch die Macht über die selbstbestimmte Zeit und Distanz. Wenn beide Sportler diese Kontrolle erlebt haben, bekommen sie dadurch eine Motivationssteigerung, dies wieder und extremer zu tun. Beide Sportler möchten das optimale Funktionieren ihres Körpers verspüren. Somit dient Sport dazu, die eigenen körperlichen Fähigkeiten und die eigene körperliche Belastbarkeit zu erforschen. Zudem stärken die Sportler durch den Sport ihr Selbstvertrauen, ihr Selbstbewusstsein, ihr Selbstwertgefühl und erhalten Selbstbestätigung durch soziale Anerkennung (vgl. Kapitel 2.3. und 3.3.).

Eine Folge von Extremsport und Sportsucht ist der Wiederholungsdrang. Denn da man das extrem gute Gefühl, das man beim Sporttreiben hat, immer wieder erreichen will, übt man den Sport auch so oft es geht aus. Andererseits möchte man außergewöhnliche Gefühle erfahren. Da aber Außergewöhnliches schnell zu Normalen wird, muss im Extremsport die Grenze des Machbaren immer weiter nach hinten verschoben werden und ein Sportsüchtiger gibt sich immer größeren Distanzen und längeren Zeiträumen hin. Die Sportler benötigen also eine Dosissteigerung. Dafür setzen sie sich sogar sportlichen und körperlichen Qualen aus, aber auch Gefahren, welche Risiken mit sich bringen. Denn ein Sportsüchtiger überanstrengt seinen Körper hierbei und die Folge daraus sind gesundheitliche Schäden. Ein Extremsportler hingegen überschätzt oft sein Können und nimmt dafür sogar den Tod in Kauf (vgl. Kapitel 2.4. und 3.4.).

4.3. Gefahren der Sportsucht im Extremsport

Sowohl Extremsportler und Sportsüchtige betreiben ihren Sport, um ein extrem gutes Gefühl oder einen Rauschzustand zu erleben (vgl. Kapitel 2.2. und 3.1.). Da sie diesen Zustand immer wieder erlangen möchten, wiederholen sie ihr Tun so oft es geht. Dadurch können sie leicht in eine Sportsucht gelangen (vgl. Kapitel 2.4.). Geschieht dieses, benötigen die Sportler zusätzlich eine Dosis-Steigerung. Somit wird der Sport immer extremer und egal unter welchen Umständen ausgeführt (vgl. Kapitel 3.1.). Sportsucht im Extremsport ist also gesundheitsschädlich und es besteht sogar Todesgefahr.

Geht man davon aus, dass eine Sportsucht im X-tremsport vorliegt, obwohl dieses sehr unwahrscheinlich ist, so bringt diese keine gesundheitsschädlichen Risiken mit sich, denn im X-tremsport wird alles durch Technik abgesichert (vgl. Kapitel 2.1.). Demzufolge hat die Sportsucht nur die Gefahren wie jede andere Sucht auch. Zum Beispiel soziale Isolation, weil der X-tremsport zum dominanten des Lebens wird, da die Sucht den Sportler kontrolliert (vgl. Kapitel 3.4.).

Im Abenteuer-Sport und im High-Risk-Sport kann eine Sportsucht zum Tod führen. Denn ein Sportsüchtiger benötigt eine ständige Dosissteigerung (vgl. Kapitel 3.1.), das heißt der Risikosportler setzt sich immer gefährlicheren Situationen und Risiken aus. Diese liegen immer näher beim „gefährlichen Grat" (vgl. Kapitel 2.3.). Überschätzt er für diese Dosissteigerung sein Können, rutscht er in die Traumazone ab und verliert die Kontrolle. Der Sportler nimmt Schaden und kann bei solchen Aktionen im Extremfall sterben (vgl. Kapitel 2.3.).

Bei der extremen Ausübung von konventionellen Sportarten, wie Lauf- und Ausdauersport führt die Sportsucht zu starken gesundheitlichen Schäden. Denn bei einer Lauf- oder Ausdauersucht geht es um die Zeit und Distanz. Als Dosis-Steigerung dient also das immer längere und weitere Laufen, Radfahren oder Schwimmen. Durch die Steigerung der Zeit und der Distanz und des wiederholten

Tuns unterzieht sich der Sportler körperlicher Quälerei. Er blendet Schmerzen aus und trainiert auch bei Verletzung oder Krankheit. Durch diese Überlastung kommt es zu körperlichen Schäden, zum Verschleiß an Bändern Sehnen, Knochen und Gelenken. Durch die Überanstrengung des Körpers wird auch das Immunsystem geschwächt und es kann zum kardialen Sekundentod führen (vgl. Kapitel 3.4.).

4.4. Sportsucht als Grund für Extremsport?

Nach eigener Definition: Extremsportler zeigen Symptome auf, welche auf eine Sportsucht hindeuten können. Zum Beispiel den Wiederholungsdrang, um ein extrem gutes Gefühl zu erlangen. Aber dies alleine reicht nicht aus, um als sportsüchtig zu gelten. Denn für eine Sportsucht muss der Sport das Leben dominieren und alle Symptome einer Sportsucht auf den Extremsport zutreffen. Sowohl im X-tremsport als auch im abenteuerhaften Extremsport ist es unwahrscheinlich, dass eine Sportsucht vorliegt. In der extremen Ausübung von konventionellen Sportarten kann es der Fall sein, muss aber nicht (vgl. Kapitel 4.1.). Daraus lässt sich schließen, dass Sportsucht nicht der Grund für Extremsport ist, denn Extremsport wird auch betrieben ohne süchtig zu sein. Aber es lässt sich erschließen, dass bei einer Sucht der Sport irgendwann extrem, wie im Extremsport betrieben wird. Denn Sucht benötigt eine stetige Dosissteigerung, was zur Folge hat, dass der Sport immer extremer ausgeübt werden muss. Sportsüchtige setzten sich folglich zwangsläufig Extremen aus. Dies geschieht meistens in der extremen Ausübung von konventionellen Sportarten wie Lauf- und Ausdauersport. Das heißt man kann sagen, dass Sportsucht nicht der Grund für Extremsport ist, aber dass Sportsucht nur im Extremsport vorkommt.

5. Fazit und Zusammenfassung der Ergebnisse:

Zusammenfassend kann gesagt werden, dass noch ziemlich unklar ist, warum Sportler zu Extremsport oder Sportsucht neigen. Jeder hat einen persönlichen Grund als Antrieb. Dies macht es für die Wissenschaft schwer, eine eindeutige Ursache für die Motivation zum Extremsport und für das Abrutschen in die Sportsucht festzulegen und somit muss weiterhin geforscht werden. Es ist jedoch gut erforscht, wodurch sich Extremsport und Sportsucht auszeichnen und welche Folgen oder Risiken sie mit sich bringen können. Sportler, die ihren Sport extrem betreiben, wollen Anerkennung erlangen. Dahingegen verschweigen Sportsüchtige ihre Sucht und somit ist es schwer, Therapien zu entwickeln. Deshalb versuchen Therapeuten alle möglichen Auslöser zu bekämpfen, die beim konkret betroffenen Sportler zu diesem exzessiven Treiben von Sport führten.

Die eigene Definition im Kapitel 4.4. lässt sich gut auf den Extremsportler Felix Baumgartner übertragen. Denn Felix Baumgartner zeigt gewisse Symptome einer Sucht auf, ist aber nicht süchtig. Denn für den Sport gab Felix seinen Beruf auf und verlor auch seine Freundin. Er ist durch die Abenteuerlust angetrieben und versucht Anerkennung im Sport zu erhalten. Er sucht die intensiven Emotionserlebnisse immer wieder auf. Um seine eigene Zufriedenheit zu erlangen, muss er immer wieder Spannung erleben. All dies spricht für eine Sportsucht, denn es nimmt den Anschein, dass die Abenteuerlust das Leben von Felix Baumgartner dominiert. Doch nach seinem Stratosphärensprung zog sich Baumgartner ohne weiteres seiner Familie zuliebe aus dem Sport zurück. Nach einer Pause betreibt er wieder spannungsbringende Aktionen, wie Rennfahren oder Helikopter fliegen. Aber Felix Baumgartner weist nun kein gesteigertes Verhalten auf, also kann er auch nicht sportsüchtig sein. Denn Baumgartner sucht seine Spannung immer wieder in neuen und nicht in gesteigerten Aktionen. Daraus sieht man, dass Extremsport Symptome einer Sportsucht aufzeigen kann. Man kann allerdings von keiner Sportsucht sprechen, solange nicht alle Faktoren erfüllt sind. Auch wenn in diesem Beispiel keine Sportsucht vorliegt, gibt es betroffene Sportsüchtige im Extremsport. Wie alle Süchtigen, benötigen auch sportsüchtige gezielte Therapien, die nur mit wissenschaftlicher Analyse der Ursachen erfolgversprechend angelegt werden können.

6. Literaturverzeichnis:

Literatur

Alfermann, Dorothee/ Pfeffer, Ines/ Stoll, Oliver: Lehrbuch Sportpsychologie, Bern 2010.

Allmer, Henning/ Schulz, Norbert: Erlebnissport - Erlebnis Sport, Sankt Augustin 1998.

Apter, Michael: Im Rausch der Gefahr. Warum immer mehr Menschen den Nervenkitzel suchen, München 1994.

Aufmuth, Ulrich: Die Lust am Aufstieg. Was den Bergsteiger in die Höhe treibt, Weingarten 1984.

Bette, Karl-Heinrich: X-treme. Zur Soziologie des Abenteuer- und Risikosports, Bielefeld 2004.

Boeck, Inken: Wenn Sport zur Sucht wird. Aspekte des Suchtverhaltens am Beispiel von Ausdauerbelastung, Hannover 2011.

Böhnke, Jörg: Abenteuer- und Erlebnissport. Ein Handbuch für Schule, Verein und Jugensozialarbeit, Münster 2000, Band 1.

Castillon, Mark: Das Phänomen der Sportsucht. Sucht: Soziologische, medizinische, psychologische Aspekte, Berlin 2007.

Clausen, Sven: Religiöse Dimensionen im Extremsport, 1. Auflage, Hamburg 2003, Band 6.

Fritsche, Steffen/ Hupfer, Marc/ Schuster, Michael: Das W-Seminar. Einführung in das wissenschaftliche Arbeiten, 1. Auflage, Bamberg 2009.

Geisler, T: Szenensport, Medien und Marketing. Jugendliche Erlebniswelten zwischen Kulz und Kommerz, Düsseldorf 2004.

Gross, Werner: Hinter jeder Sucht ist eine Sehnsucht. Alltagssüchte erkennen und überwinden, 5. Auflage, Freiburg im Breisgau 2002.

Gross, Werner., Poppelreuther, Stefan.: Nicht nur Drogen machen süchtig. Enstehung und Behandlung von stoffungebundenen Süchten, Weinheim 2000.

Grüsser, Sabine/ Thalemann, Carolin: Verhaltenssucht. Diagnostik, Therapie, Forschung, Bern 2006.

Häßner, Yvonne: Sport ohne Grenzen. Merkmale, Formen und Ursachen des Extremsports, Dortmund 2006.

Hartmann, Hans/ Haubl, Rolf: Freizeit in der Erlebnisgesellschaft, 2. Auflage, Wiesbaden 1998.

Le Breton, David: Die Lust am Risiko, 1. Auflage, Frankfurt am Main 1995.

Müller, Angelica/ Tretter, Felix: Psychologische Therapie der Sucht, Göttingen 2001.

Schleske, Wolfram: Abenteuer – Wagnis – Risiko im Sport. Struktur und Bedeutung in pädagogischer Sicht, 1. Auflage, Schondorf 1977. Reihe Sportwissenschaft, Band 9.

Schmidt, Ulf/ Stoll, Oliver/ Ziemainz Heiko: Psychologie in Ausdauersportarten, 1. Auflage, Butzbach-Griedel 2000.

Wiesner, Johannes: Psychologie von Risikoverhalten und Sport. Motivationen von Risikoverhalten und Risikosport, Greifswald 2005.

Internetadressen

Baumgartner, Felix:
https://www.facebook.com/FelixBaumgartner/info/?tab=page_info (8.11.15)

Bojanowski, Alex (2012): Baumgartner über seinen Rekordsprung
http://www.spiegel.de/wissenschaft/mensch/schallmauer-durchbrochen-felix-baumgartner-ueber-seinen-sprung-a-861298.html(8.11.15)

Drescher, A/ Erath, R/ Schipfer, M/ Stoll, O/ Zeulner, B/ Ziemainz, H (2013): Die Gefährdung zur Sportsucht in Ausdauersportarten http://www.zeitschrift-sportmedizin.de/fileadmin/content/archiv2013/Heft_2/27_originalia_ziemainz.pdf (29.9.2015)

Eder, Michael (2014): Felix Baumgartners Leben nach dem Sprung http://www.faz.net/aktuell/sport/mehr-sport/felix-baumgartners-leben-nach-dem-stratosphaeren-sprung-13293757.html(8.11.15)

Krebs, Meike: Extrem-/ Risikosportarten http://www.meikekrebs.de/downloads/wissenschaft/meike_krebs_extremsport.pdf (29.9.15)

Moodly (2013): Freundin verlässt Extremsportler Felix Baumgartner http://www.welt.de/vermischtes/prominente/article119092823/Freundin-verlaesst-Extremsportler-Felix-Baumgartner.html(8.11.15)

Red Bull: Jeder hat seine Grenze nicht jeder akzeptiert sie http://www.redbull.com/de/de/athletes/1331582273282/felix-baumgartner(8.11.15)

Stoll, Oliver (2014): Bin ich sportsüchtig? http://www.die-sportpsychologen.de/2014/05/28/prof-dr-oliver-stoll-was-ist-eigentlich-sportsucht/ (29.9.15)